# { CONTENTS }

## { NOTES OF A HOST }

*I love bringing people together. Whether it is a family picnic, an elegant cocktail party, or a sit-down holiday feast, I always enjoy hosting family and friends. My success isn't because I have the parties catered (I don't), or because I hate to see a guest with an empty wine glass (I do). The reason my parties are so successful is because I'm very deliberate about crafting each occasion, giving careful consideration to all the elements and to the particular people attending.*

*I get great pleasure from being able to offer friends their favorite drink when they arrive, serving an appetizer that I know a guest loves, or selecting a music playlist that aligns perfectly with the mood of the evening. I enjoy creating an atmosphere in which friends can forget the craziness of their workdays and just dwell in the pleasure of good food and conversation.*

*The Dinner Party Diary is a wonderful tool for creating memorable events because it combines the best of planning ahead while looking back. Use it to organize key components for your next soirée and to recall important lessons from parties past. Personalize your parties by keeping an ongoing record of guests' adorations and aversions. And record those things that went spectacularly well, and those that aren't worth your time and effort to repeat.*

*Despite all the preparation, however, you will inevitably host parties during which mishaps arise. I've experienced unexpected guests, a malfunctioning oven, and dropped dishes, to name a few. When those things happen, the best thing you can do is throw your hands up and surrender to the take-out gods. Remind yourself that it is ultimately about getting together and having a great time. So my parting words are "plan, plan, plan, and then let go." Happy entertaining.*

YOUR GRACIOUS HOST,

Deborah Greenspan

DINING WITH ONE'S FRIENDS AND
BELOVED FAMILY IS CERTAINLY ONE
OF LIFE'S PRIMAL AND MOST INNOCENT
DELIGHTS, ONE THAT IS BOTH
SOUL-SATISFYING AND ETERNAL.

— JULIA CHILD

_____

OCCASION

_____     _____

DATE & TIME                                    LOCATION

_____

DESCRIPTION / THEME

## { GUEST LIST }

_Name_                                                                    _Attending_

_____     [ ]
_____     [ ]
_____     [ ]
_____     [ ]
_____     [ ]
_____     [ ]
_____     [ ]
_____     [ ]
_____     [ ]
_____     [ ]
_____     [ ]
_____     [ ]
_____     [ ]
_____     [ ]
_____     [ ]

[ ] _Children Included_

# { MENU }

**HORS D'OEUVRES**

_____

_____

_____

_____

_____

**FIRST COURSE**

_____

_____

_____

_____

_____

**ENTRÉE**

_____

_____

_____

_____

_____

_____

_____

**DESSERT**

_____

_____

_____

_____

## SERVING PIECE

_____

_____

_____

_____

_____


_____

_____

_____

_____

_____


_____

_____

_____

_____

_____

_____


_____

_____

_____

_____

## DRINK PAIRING

_____

_____

_____

_____

_____


_____

_____

_____

_____

_____


_____

_____

_____

_____

_____

_____


_____

_____

_____

_____

# { SEATING CHART }

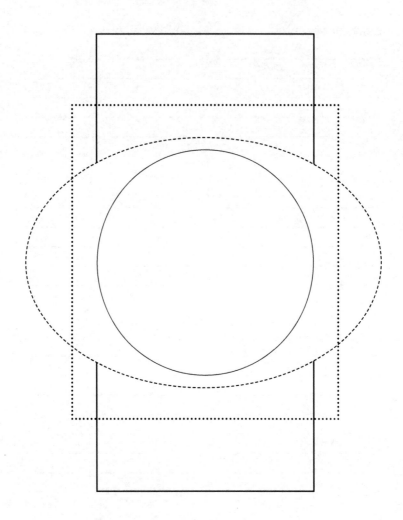

## NOTES ON ARRANGEMENT

_____

_____

_____

_____

# { SETTING THE STAGE }

**CENTERPIECE(S)**

_____

_____

_____

**LIGHTING**  ( *e.g. candles, lamps, fireplace* )

_____

_____

_____

**FLOWERS**  ( *e.g. types, quantities, placement* )

_____

_____

_____

**MUSIC**  ( *e.g. playlist title, genre, album name* )

_____

_____

_____

**ADDITIONS**  ( *e.g. party favors, games, decorations, entertainment* )

_____

_____

_____

_____

_____

_____

# { PLANNING TIMETABLE }

## 1 WEEK BEFORE

[ ] _____

[ ] _____

[ ] _____

[ ] _____

[ ] _____

[ ] _____

[ ] _____

[ ] _____


## 1 DAY BEFORE

[ ] _____

[ ] _____

[ ] _____

[ ] _____

[ ] _____

[ ] _____

[ ] _____

[ ] _____


## DAY OF EVENT                                    _Time_

[ ] _____  _____

[ ] _____  _____

[ ] _____  _____

[ ] _____  _____

[ ] _____  _____

[ ] _____  _____

[ ] _____  _____

[ ] _____  _____

[ ] _____  _____

**1 HOUR BEFORE**                                    *Time*

[ ] _____    _____

[ ] _____    _____

[ ] _____    _____

[ ] _____    _____

[ ] _____    _____

[ ] _____    _____

[ ] _____    _____

[ ] _____    _____


**LAST MINUTE**                                      *Time*

[ ] _____    _____

[ ] _____    _____

[ ] _____    _____

[ ] _____    _____

[ ] _____    _____

[ ] _____    _____

[ ] _____    _____

[ ] _____    _____


**DURING PARTY**                                     *Time*

[ ] _____    _____

[ ] _____    _____

[ ] _____    _____

[ ] _____    _____

[ ] _____    _____

[ ] _____    _____

[ ] _____    _____

[ ] _____    _____

[ ] _____    _____

# { SHOPPING LIST }

## SPECIALTY ITEMS

[ ] _____
[ ] _____
[ ] _____
[ ] _____
[ ] _____
[ ] _____
[ ] _____
[ ] _____
[ ] _____
[ ] _____
[ ] _____
[ ] _____
[ ] _____
[ ] _____

## RECIPE ESSENTIALS

[ ] _____
[ ] _____
[ ] _____
[ ] _____
[ ] _____
[ ] _____
[ ] _____
[ ] _____
[ ] _____
[ ] _____
[ ] _____
[ ] _____
[ ] _____
[ ] _____

## { LOOKING BACK }

**HOST'S ATTIRE**

_____

_____


**QUOTABLE MOMENTS**

_____

_____

_____

_____

_____

_____


**GIFTS FOR THE HOST**

| _From_ | _Gift_ | _Thank-You_ |
|---|---|---|
| _____ | _____ | [ ] |
| _____ | _____ | [ ] |
| _____ | _____ | [ ] |
| _____ | _____ | [ ] |
| _____ | _____ | [ ] |
| _____ | _____ | [ ] |
| _____ | _____ | [ ] |
| _____ | _____ | [ ] |
| _____ | _____ | [ ] |
| _____ | _____ | [ ] |
| _____ | _____ | [ ] |
| _____ | _____ | [ ] |
| _____ | _____ | [ ] |
| _____ | _____ | [ ] |
| _____ | _____ | [ ] |

# { MEMORIES }

## HIGHLIGHTS

_____
_____
_____
_____
_____
_____
_____
_____
_____
_____
_____
_____

## ROOM FOR IMPROVEMENT

_____
_____
_____
_____
_____
_____
_____
_____
_____
_____
_____
_____
_____

A GUEST NEVER FORGETS THE HOST
WHO HAD TREATED HIM KINDLY.
— HOMER

_____

OCCASION

_____

DATE & TIME                    LOCATION

_____

DESCRIPTION / THEME

$$\left\{ \text{ GUEST LIST } \right\}$$

Name                                    _Attending_

_____  [ ]
_____  [ ]
_____  [ ]
_____  [ ]
_____  [ ]
_____  [ ]
_____  [ ]
_____  [ ]
_____  [ ]
_____  [ ]
_____  [ ]
_____  [ ]
_____  [ ]
_____  [ ]
_____  [ ]

[ ] _Children Included_

## { MENU }

**HORS D'OEUVRES**

_____

_____

_____

_____

_____

**FIRST COURSE**

_____

_____

_____

_____

_____

**ENTRÉE**

_____

_____

_____

_____

_____

_____

_____

**DESSERT**

_____

_____

_____

_____

**SERVING PIECE**

_____
_____
_____
_____
_____

_____
_____
_____
_____
_____

_____
_____
_____
_____
_____
_____
_____

_____
_____
_____
_____

**DRINK PAIRING**

_____
_____
_____
_____
_____

_____
_____
_____
_____
_____

_____
_____
_____
_____
_____
_____
_____

_____
_____
_____
_____

# { SEATING CHART }

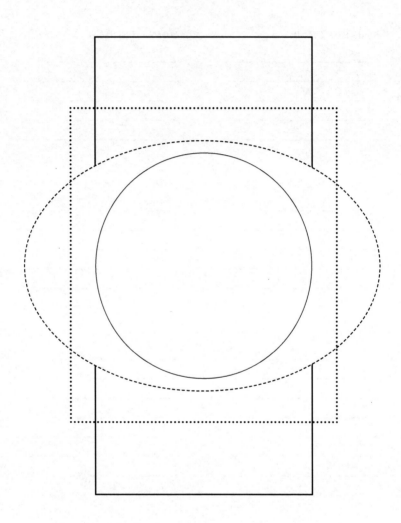

**NOTES ON ARRANGEMENT**

_____
_____
_____
_____

# { SETTING THE STAGE }

**CENTERPIECE(S)**

_____

_____

_____

**LIGHTING**  *( e.g. candles, lamps, fireplace )*

_____

_____

_____

**FLOWERS**  *( e.g. types, quantities, placement )*

_____

_____

_____

**MUSIC**  *( e.g. playlist title, genre, album name )*

_____

_____

_____

**ADDITIONS**  *( e.g. party favors, games, decorations, entertainment )*

_____

_____

_____

_____

_____

_____

# { PLANNING TIMETABLE }

## 1 WEEK BEFORE

[ ] _____
[ ] _____
[ ] _____
[ ] _____
[ ] _____
[ ] _____
[ ] _____
[ ] _____

## 1 DAY BEFORE

[ ] _____
[ ] _____
[ ] _____
[ ] _____
[ ] _____
[ ] _____
[ ] _____
[ ] _____

## DAY OF EVENT                                    *Time*

[ ] _____  _____
[ ] _____  _____
[ ] _____  _____
[ ] _____  _____
[ ] _____  _____
[ ] _____  _____
[ ] _____  _____
[ ] _____  _____
[ ] _____  _____

## 1 HOUR BEFORE

*Time*

[ ] _____ _____

[ ] _____ _____

[ ] _____ _____

[ ] _____ _____

[ ] _____ _____

[ ] _____ _____

[ ] _____ _____

[ ] _____ _____


## LAST MINUTE

*Time*

[ ] _____ _____

[ ] _____ _____

[ ] _____ _____

[ ] _____ _____

[ ] _____ _____

[ ] _____ _____

[ ] _____ _____

[ ] _____ _____


## DURING PARTY

*Time*

[ ] _____ _____

[ ] _____ _____

[ ] _____ _____

[ ] _____ _____

[ ] _____ _____

[ ] _____ _____

[ ] _____ _____

[ ] _____ _____

[ ] _____ _____

# { SHOPPING LIST }

**SPECIALTY ITEMS**

[ ] _____
[ ] _____
[ ] _____
[ ] _____
[ ] _____
[ ] _____
[ ] _____
[ ] _____
[ ] _____
[ ] _____
[ ] _____
[ ] _____
[ ] _____
[ ] _____

**RECIPE ESSENTIALS**

[ ] _____
[ ] _____
[ ] _____
[ ] _____
[ ] _____
[ ] _____
[ ] _____
[ ] _____
[ ] _____
[ ] _____
[ ] _____
[ ] _____
[ ] _____
[ ] _____

# { LOOKING BACK }

**HOST'S ATTIRE**

_____

_____


**QUOTABLE MOMENTS**

_____

_____

_____

_____

_____

_____

_____


**GIFTS FOR THE HOST**

| From | Gift | Thank-You |
|------|------|-----------|
|  |  | [ ] |
|  |  | [ ] |
|  |  | [ ] |
|  |  | [ ] |
|  |  | [ ] |
|  |  | [ ] |
|  |  | [ ] |
|  |  | [ ] |
|  |  | [ ] |
|  |  | [ ] |
|  |  | [ ] |
|  |  | [ ] |
|  |  | [ ] |
|  |  | [ ] |
|  |  | [ ] |

# { MEMORIES }

**HIGHLIGHTS**

_____

_____

_____

_____

_____

_____

_____

_____

_____

_____

_____

_____

**ROOM FOR IMPROVEMENT**

_____

_____

_____

_____

_____

_____

_____

_____

_____

_____

_____

_____

_____

ONE CANNOT THINK WELL,
LOVE WELL, SLEEP WELL,
IF ONE HAS NOT DINED WELL.
— VIRGINIA WOOLF

_____

**OCCASION**

_____          _____

**DATE & TIME**                              **LOCATION**

_____

_____

**DESCRIPTION / THEME**

$\big\{$ **GUEST LIST** $\big\}$

_Name_                                                                    _Attending_

_____ [ ]

_____ [ ]

_____ [ ]

_____ [ ]

_____ [ ]

_____ [ ]

_____ [ ]

_____ [ ]

_____ [ ]

_____ [ ]

_____ [ ]

_____ [ ]

_____ [ ]

_____ [ ]

_____ [ ]

[ ] _Children Included_

# { MENU }

**HORS D'OEUVRES**

_____

_____

_____

_____

_____

**FIRST COURSE**

_____

_____

_____

_____

_____

**ENTRÉE**

_____

_____

_____

_____

_____

_____

_____

**DESSERT**

_____

_____

_____

_____

## SERVING PIECE

_____

_____

_____

_____

_____


_____

_____

_____

_____

_____


_____

_____

_____

_____

_____

_____

_____


_____

_____

_____

_____

## DRINK PAIRING

_____

_____

_____

_____

_____


_____

_____

_____

_____

_____


_____

_____

_____

_____

_____

_____


_____

_____

_____

_____

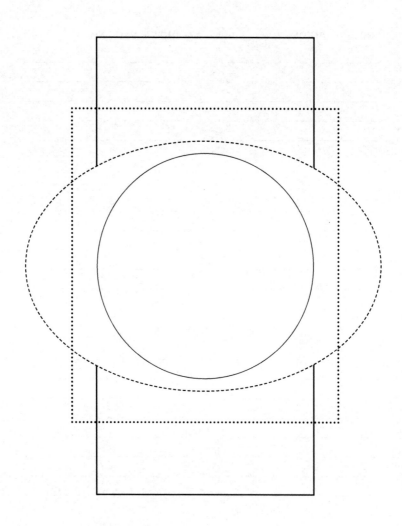

**NOTES ON ARRANGEMENT**

_____

_____

_____

_____

# { SETTING THE STAGE }

CENTERPIECE(S)

_____

_____

_____

LIGHTING _( e.g. candles, lamps, fireplace )_

_____

_____

_____

FLOWERS _( e.g. types, quantities, placement )_

_____

_____

_____

MUSIC _( e.g. playlist title, genre, album name )_

_____

_____

_____

ADDITIONS _( e.g. party favors, games, decorations, entertainment )_

_____

_____

_____

_____

_____

_____

# { PLANNING TIMETABLE }

## 1 WEEK BEFORE

[ ] _____
[ ] _____
[ ] _____
[ ] _____
[ ] _____
[ ] _____
[ ] _____
[ ] _____

## 1 DAY BEFORE

[ ] _____
[ ] _____
[ ] _____
[ ] _____
[ ] _____
[ ] _____
[ ] _____
[ ] _____

## DAY OF EVENT                                   _Time_

[ ] _____  _____
[ ] _____  _____
[ ] _____  _____
[ ] _____  _____
[ ] _____  _____
[ ] _____  _____
[ ] _____  _____
[ ] _____  _____
[ ] _____  _____

## 1 HOUR BEFORE                                    *Time*

[ ] _____ _____

[ ] _____ _____

[ ] _____ _____

[ ] _____ _____

[ ] _____ _____

[ ] _____ _____

[ ] _____ _____

[ ] _____ _____


## LAST MINUTE                                      *Time*

[ ] _____ _____

[ ] _____ _____

[ ] _____ _____

[ ] _____ _____

[ ] _____ _____

[ ] _____ _____

[ ] _____ _____

[ ] _____ _____


## DURING PARTY                                     *Time*

[ ] _____ _____

[ ] _____ _____

[ ] _____ _____

[ ] _____ _____

[ ] _____ _____

[ ] _____ _____

[ ] _____ _____

[ ] _____ _____

[ ] _____ _____

# { SHOPPING LIST }

**SPECIALTY ITEMS**

[ ] _____
[ ] _____
[ ] _____
[ ] _____
[ ] _____
[ ] _____
[ ] _____
[ ] _____
[ ] _____
[ ] _____
[ ] _____
[ ] _____
[ ] _____

**RECIPE ESSENTIALS**

[ ] _____
[ ] _____
[ ] _____
[ ] _____
[ ] _____
[ ] _____
[ ] _____
[ ] _____
[ ] _____
[ ] _____
[ ] _____
[ ] _____
[ ] _____
[ ] _____

## { LOOKING BACK }

**HOST'S ATTIRE**

_____

_____


**QUOTABLE MOMENTS**

_____

_____

_____

_____

_____

_____

_____


**GIFTS FOR THE HOST**

| *From* | *Gift* | *Thank-You* |
|--------|--------|-------------|
| _____ | _____ | [ ] |
| _____ | _____ | [ ] |
| _____ | _____ | [ ] |
| _____ | _____ | [ ] |
| _____ | _____ | [ ] |
| _____ | _____ | [ ] |
| _____ | _____ | [ ] |
| _____ | _____ | [ ] |
| _____ | _____ | [ ] |
| _____ | _____ | [ ] |
| _____ | _____ | [ ] |
| _____ | _____ | [ ] |
| _____ | _____ | [ ] |
| _____ | _____ | [ ] |
| _____ | _____ | [ ] |

# { MEMORIES }

## HIGHLIGHTS

_____
_____
_____
_____
_____
_____
_____
_____
_____
_____
_____
_____

## ROOM FOR IMPROVEMENT

_____
_____
_____
_____
_____
_____
_____
_____
_____
_____
_____
_____
_____

A BOTTLE OF WINE CONTAINS
MORE PHILOSOPHY THAN ALL
THE BOOKS IN THE WORLD.
— LOUIS PASTEUR

**4**

_____

OCCASION

_____         _____

DATE & TIME                                          LOCATION

_____

_____

DESCRIPTION / THEME

$\Big\{$ **GUEST LIST** $\Big\}$

_Name_                                                                              _Attending_

_____  [ ]

_____  [ ]

_____  [ ]

_____  [ ]

_____  [ ]

_____  [ ]

_____  [ ]

_____  [ ]

_____  [ ]

_____  [ ]

_____  [ ]

_____  [ ]

_____  [ ]

_____  [ ]

_____  [ ]

[ ] _Children Included_

# { MENU }

**HORS D'OEUVRES**

_____

_____

_____

_____

_____

**FIRST COURSE**

_____

_____

_____

_____

_____

**ENTRÉE**

_____

_____

_____

_____

_____

_____

_____

**DESSERT**

_____

_____

_____

_____

**SERVING PIECE**

_____

_____

_____

_____

_____

**DRINK PAIRING**

_____

_____

_____

_____

_____

# { SEATING CHART }

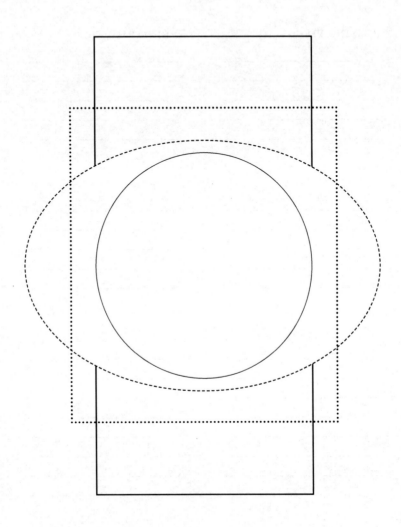

NOTES ON ARRANGEMENT

_____

_____

_____

_____

# { SETTING THE STAGE }

## CENTERPIECE(S)

_____

_____

_____

## LIGHTING  ( _e.g. candles, lamps, fireplace_ )

_____

_____

_____

## FLOWERS  ( _e.g. types, quantities, placement_ )

_____

_____

_____

## MUSIC  ( _e.g. playlist title, genre, album name_ )

_____

_____

_____

## ADDITIONS  ( _e.g. party favors, games, decorations, entertainment_ )

_____

_____

_____

_____

_____

_____

# { PLANNING TIMETABLE }

## 1 WEEK BEFORE

[ ]
[ ]
[ ]
[ ]
[ ]
[ ]
[ ]
[ ]

## 1 DAY BEFORE

[ ]
[ ]
[ ]
[ ]
[ ]
[ ]
[ ]
[ ]

## DAY OF EVENT                                   *Time*

[ ]
[ ]
[ ]
[ ]
[ ]
[ ]
[ ]
[ ]
[ ]

## 1 HOUR BEFORE                               *Time*

[ ] _____  _____

[ ] _____  _____

[ ] _____  _____

[ ] _____  _____

[ ] _____  _____

[ ] _____  _____

[ ] _____  _____

[ ] _____  _____


## LAST MINUTE                                 *Time*

[ ] _____  _____

[ ] _____  _____

[ ] _____  _____

[ ] _____  _____

[ ] _____  _____

[ ] _____  _____

[ ] _____  _____

[ ] _____  _____


## DURING PARTY                                *Time*

[ ] _____  _____

[ ] _____  _____

[ ] _____  _____

[ ] _____  _____

[ ] _____  _____

[ ] _____  _____

[ ] _____  _____

[ ] _____  _____

[ ] _____  _____

# { SHOPPING LIST }

**SPECIALTY ITEMS**

[ ] _____
[ ] _____
[ ] _____
[ ] _____
[ ] _____
[ ] _____
[ ] _____
[ ] _____
[ ] _____
[ ] _____
[ ] _____
[ ] _____
[ ] _____

**RECIPE ESSENTIALS**

[ ] _____
[ ] _____
[ ] _____
[ ] _____
[ ] _____
[ ] _____
[ ] _____
[ ] _____
[ ] _____
[ ] _____
[ ] _____
[ ] _____
[ ] _____
[ ] _____

# { LOOKING BACK }

**HOST'S ATTIRE**

_____

_____

**QUOTABLE MOMENTS**

_____

_____

_____

_____

_____

_____

**GIFTS FOR THE HOST**

| _From_ | _Gift_ | _Thank-You_ |
| --- | --- | --- |
| _____ | _____ | [ ] |
| _____ | _____ | [ ] |
| _____ | _____ | [ ] |
| _____ | _____ | [ ] |
| _____ | _____ | [ ] |
| _____ | _____ | [ ] |
| _____ | _____ | [ ] |
| _____ | _____ | [ ] |
| _____ | _____ | [ ] |
| _____ | _____ | [ ] |
| _____ | _____ | [ ] |
| _____ | _____ | [ ] |
| _____ | _____ | [ ] |
| _____ | _____ | [ ] |
| _____ | _____ | [ ] |

# { MEMORIES }

## HIGHLIGHTS

_____
_____
_____
_____
_____
_____
_____
_____
_____
_____
_____
_____

## ROOM FOR IMPROVEMENT

_____
_____
_____
_____
_____
_____
_____
_____
_____
_____
_____
_____
_____

WE SHOULD LOOK FOR SOMEONE TO
EAT AND DRINK WITH BEFORE LOOKING
FOR SOMETHING TO EAT AND DRINK.
— EPICURUS

5

_____

OCCASION

_____          _____

DATE & TIME                                    LOCATION

_____

_____

DESCRIPTION / THEME

## { GUEST LIST }

*Name*                                                                    *Attending*

_____   [ ]

_____   [ ]

_____   [ ]

_____   [ ]

_____   [ ]

_____   [ ]

_____   [ ]

_____   [ ]

_____   [ ]

_____   [ ]

_____   [ ]

_____   [ ]

_____   [ ]

_____   [ ]

_____   [ ]

[ ] *Children Included*

## { MENU }

**HORS D'OEUVRES**

_____

_____

_____

_____

_____

**FIRST COURSE**

_____

_____

_____

_____

_____

**ENTRÉE**

_____

_____

_____

_____

_____

_____

_____

**DESSERT**

_____

_____

_____

_____

**SERVING PIECE**

_____

_____

_____

_____

_____


_____

_____

_____

_____

_____


_____

_____

_____

_____

_____

_____


_____

_____

_____

_____

**DRINK PAIRING**

_____

_____

_____

_____

_____


_____

_____

_____

_____

_____


_____

_____

_____

_____

_____

_____


_____

_____

_____

_____

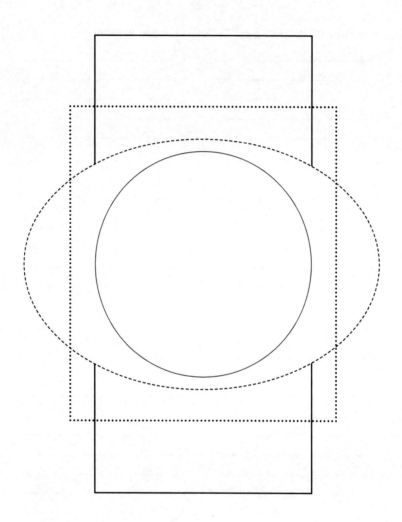

**NOTES ON ARRANGEMENT**

## { SETTING THE STAGE }

**CENTERPIECE(S)**

_____

_____

_____

**LIGHTING**  ( _e.g. candles, lamps, fireplace_ )

_____

_____

_____

**FLOWERS**  ( _e.g. types, quantities, placement_ )

_____

_____

_____

**MUSIC**  ( _e.g. playlist title, genre, album name_ )

_____

_____

_____

**ADDITIONS**  ( _e.g. party favors, games, decorations, entertainment_ )

_____

_____

_____

_____

_____

_____

# $\Big\{$ PLANNING TIMETABLE $\Big\}$

**1 WEEK BEFORE**

[ ] _____

[ ] _____

[ ] _____

[ ] _____

[ ] _____

[ ] _____

[ ] _____

[ ] _____


**1 DAY BEFORE**

[ ] _____

[ ] _____

[ ] _____

[ ] _____

[ ] _____

[ ] _____

[ ] _____

[ ] _____


**DAY OF EVENT**                                        _Time_

[ ] _____     _____

[ ] _____     _____

[ ] _____     _____

[ ] _____     _____

[ ] _____     _____

[ ] _____     _____

[ ] _____     _____

[ ] _____     _____

[ ] _____     _____

## 1 HOUR BEFORE                              *Time*

[ ] _____   _____

[ ] _____   _____

[ ] _____   _____

[ ] _____   _____

[ ] _____   _____

[ ] _____   _____

[ ] _____   _____

[ ] _____   _____


## LAST MINUTE                                *Time*

[ ] _____   _____

[ ] _____   _____

[ ] _____   _____

[ ] _____   _____

[ ] _____   _____

[ ] _____   _____

[ ] _____   _____

[ ] _____   _____


## DURING PARTY                               *Time*

[ ] _____   _____

[ ] _____   _____

[ ] _____   _____

[ ] _____   _____

[ ] _____   _____

[ ] _____   _____

[ ] _____   _____

[ ] _____   _____

[ ] _____   _____

# { SHOPPING LIST }

## SPECIALTY ITEMS

[ ] _____
[ ] _____
[ ] _____
[ ] _____
[ ] _____
[ ] _____
[ ] _____
[ ] _____
[ ] _____
[ ] _____
[ ] _____
[ ] _____
[ ] _____
[ ] _____

## RECIPE ESSENTIALS

[ ] _____
[ ] _____
[ ] _____
[ ] _____
[ ] _____
[ ] _____
[ ] _____
[ ] _____
[ ] _____
[ ] _____
[ ] _____
[ ] _____
[ ] _____
[ ] _____

## { LOOKING BACK }

**HOST'S ATTIRE**

_____

_____

**QUOTABLE MOMENTS**

_____

_____

_____

_____

_____

_____

_____

**GIFTS FOR THE HOST**

| _From_ | _Gift_ | _Thank-You_ |
| --- | --- | --- |
| | | [ ] |
| | | [ ] |
| | | [ ] |
| | | [ ] |
| | | [ ] |
| | | [ ] |
| | | [ ] |
| | | [ ] |
| | | [ ] |
| | | [ ] |
| | | [ ] |
| | | [ ] |
| | | [ ] |
| | | [ ] |
| | | [ ] |

# { MEMORIES }

## HIGHLIGHTS

_____

_____

_____

_____

_____

_____

_____

_____

_____

_____

_____

_____

## ROOM FOR IMPROVEMENT

_____

_____

_____

_____

_____

_____

_____

_____

_____

_____

_____

_____

OUR FULL HUMANITY IS CONTINGENT
ON OUR HOSPITALITY: WE CAN BE
COMPLETE ONLY WHEN WE ARE
GIVING SOMETHING AWAY.
— ALICE WATERS

---

**OCCASION**

---

**DATE & TIME**                              **LOCATION**

---

---

**DESCRIPTION / THEME**

## { GUEST LIST }

*Name*                                                          *Attending*

| | |
|---|---|
| | [ ] |
| | [ ] |
| | [ ] |
| | [ ] |
| | [ ] |
| | [ ] |
| | [ ] |
| | [ ] |
| | [ ] |
| | [ ] |
| | [ ] |
| | [ ] |
| | [ ] |
| | [ ] |
| | [ ] |

[ ] *Children Included*

# { MENU }

**HORS D'OEUVRES**

_____

_____

_____

_____

_____

**FIRST COURSE**

_____

_____

_____

_____

_____

**ENTRÉE**

_____

_____

_____

_____

_____

_____

_____

**DESSERT**

_____

_____

_____

_____

**SERVING PIECE**

**DRINK PAIRING**

_____

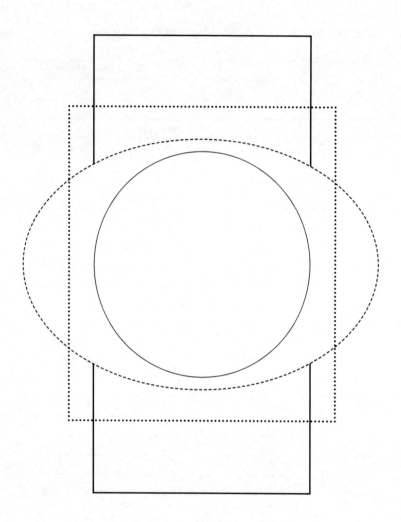

**NOTES ON ARRANGEMENT**

# { SETTING THE STAGE }

**CENTERPIECE(S)**

_____

_____

_____

**LIGHTING**  *( e.g. candles, lamps, fireplace )*

_____

_____

_____

**FLOWERS**  *( e.g. types, quantities, placement )*

_____

_____

_____

**MUSIC**  *( e.g. playlist title, genre, album name )*

_____

_____

_____

**ADDITIONS**  *( e.g. party favors, games, decorations, entertainment )*

_____

_____

_____

_____

_____

_____

# { PLANNING TIMETABLE }

**1 WEEK BEFORE**

[ ] _____
[ ] _____
[ ] _____
[ ] _____
[ ] _____
[ ] _____
[ ] _____
[ ] _____

**1 DAY BEFORE**

[ ] _____
[ ] _____
[ ] _____
[ ] _____
[ ] _____
[ ] _____
[ ] _____
[ ] _____

**DAY OF EVENT**                                    *Time*

[ ] _____  _____
[ ] _____  _____
[ ] _____  _____
[ ] _____  _____
[ ] _____  _____
[ ] _____  _____
[ ] _____  _____
[ ] _____  _____
[ ] _____  _____

## 1 HOUR BEFORE                                    *Time*

[ ] _____  _____

[ ] _____  _____

[ ] _____  _____

[ ] _____  _____

[ ] _____  _____

[ ] _____  _____

[ ] _____  _____

[ ] _____  _____


## LAST MINUTE                                       *Time*

[ ] _____  _____

[ ] _____  _____

[ ] _____  _____

[ ] _____  _____

[ ] _____  _____

[ ] _____  _____

[ ] _____  _____

[ ] _____  _____


## DURING PARTY                                      *Time*

[ ] _____  _____

[ ] _____  _____

[ ] _____  _____

[ ] _____  _____

[ ] _____  _____

[ ] _____  _____

[ ] _____  _____

[ ] _____  _____

[ ] _____  _____

# { SHOPPING LIST }

**SPECIALTY ITEMS**

[ ]
_____

[ ]
_____

[ ]
_____

[ ]
_____

[ ]
_____

[ ]
_____

[ ]
_____

[ ]
_____

[ ]
_____

[ ]
_____

[ ]
_____

[ ]
_____

[ ]
_____


**RECIPE ESSENTIALS**

[ ]
_____

[ ]
_____

[ ]
_____

[ ]
_____

[ ]
_____

[ ]
_____

[ ]
_____

[ ]
_____

[ ]
_____

[ ]
_____

[ ]
_____

[ ]
_____

[ ]
_____

[ ]
_____

# { LOOKING BACK }

**HOST'S ATTIRE**

_____

_____


**QUOTABLE MOMENTS**

_____

_____

_____

_____

_____

_____

_____


**GIFTS FOR THE HOST**

| From | Gift | Thank-You |
|------|------|-----------|
| | | [ ] |
| | | [ ] |
| | | [ ] |
| | | [ ] |
| | | [ ] |
| | | [ ] |
| | | [ ] |
| | | [ ] |
| | | [ ] |
| | | [ ] |
| | | [ ] |
| | | [ ] |
| | | [ ] |
| | | [ ] |
| | | [ ] |

# { MEMORIES }

## HIGHLIGHTS

_____

_____

_____

_____

_____

_____

_____

_____

_____

_____

_____

## ROOM FOR IMPROVEMENT

_____

_____

_____

_____

_____

_____

_____

_____

_____

_____

_____

_____

DESIGNING HORS D'OEUVRES
IS NOT DIFFERENT FROM
DESIGNING SETS AND COSTUMES...
FOOD IS VERY MUCH THEATER.
— JAMES BEARD

**OCCASION**

**DATE & TIME**                    **LOCATION**

**DESCRIPTION / THEME**

## { GUEST LIST }

*Name*                                                    *Attending*

| | [ ] |
| | [ ] |
| | [ ] |
| | [ ] |
| | [ ] |
| | [ ] |
| | [ ] |
| | [ ] |
| | [ ] |
| | [ ] |
| | [ ] |
| | [ ] |
| | [ ] |
| | [ ] |
| | [ ] |

[ ] *Children Included*

# { MENU }

**HORS D'OEUVRES**

_____

_____

_____

_____

_____

**FIRST COURSE**

_____

_____

_____

_____

_____

**ENTRÉE**

_____

_____

_____

_____

_____

_____

_____

**DESSERT**

_____

_____

_____

_____

## SERVING PIECE

## DRINK PAIRING

_____

_____

_____

_____

_____


_____

_____

_____

_____

_____


_____

_____

_____

_____

_____

_____

_____


_____

_____

_____

_____

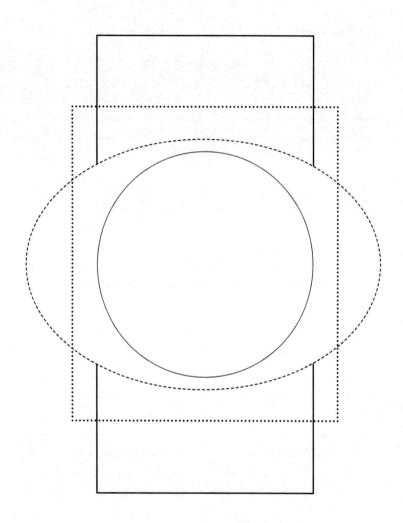

**NOTES ON ARRANGEMENT**

# { SETTING THE STAGE }

**CENTERPIECE(S)**

_____

_____

_____

**LIGHTING**  _( e.g. candles, lamps, fireplace )_

_____

_____

_____

**FLOWERS**  _( e.g. types, quantities, placement )_

_____

_____

_____

**MUSIC**  _( e.g. playlist title, genre, album name )_

_____

_____

_____

**ADDITIONS**  _( e.g. party favors, games, decorations, entertainment )_

_____

_____

_____

_____

_____

_____

_____

# { PLANNING TIMETABLE }

## 1 WEEK BEFORE

[ ] _____
[ ] _____
[ ] _____
[ ] _____
[ ] _____
[ ] _____
[ ] _____
[ ] _____

## 1 DAY BEFORE

[ ] _____
[ ] _____
[ ] _____
[ ] _____
[ ] _____
[ ] _____
[ ] _____
[ ] _____

## DAY OF EVENT                                    *Time*

[ ] _____   _____
[ ] _____   _____
[ ] _____   _____
[ ] _____   _____
[ ] _____   _____
[ ] _____   _____
[ ] _____   _____
[ ] _____   _____
[ ] _____   _____

## 1 HOUR BEFORE

*Time*

[ ] _____    _____

[ ] _____    _____

[ ] _____    _____

[ ] _____    _____

[ ] _____    _____

[ ] _____    _____

[ ] _____    _____

[ ] _____    _____


## LAST MINUTE

*Time*

[ ] _____    _____

[ ] _____    _____

[ ] _____    _____

[ ] _____    _____

[ ] _____    _____

[ ] _____    _____

[ ] _____    _____

[ ] _____    _____


## DURING PARTY

*Time*

[ ] _____    _____

[ ] _____    _____

[ ] _____    _____

[ ] _____    _____

[ ] _____    _____

[ ] _____    _____

[ ] _____    _____

[ ] _____    _____

[ ] _____    _____

# { SHOPPING LIST }

## SPECIALTY ITEMS

[ ] _____
[ ] _____
[ ] _____
[ ] _____
[ ] _____
[ ] _____
[ ] _____
[ ] _____
[ ] _____
[ ] _____
[ ] _____
[ ] _____
[ ] _____

## RECIPE ESSENTIALS

[ ] _____
[ ] _____
[ ] _____
[ ] _____
[ ] _____
[ ] _____
[ ] _____
[ ] _____
[ ] _____
[ ] _____
[ ] _____
[ ] _____
[ ] _____
[ ] _____

# { LOOKING BACK }

**HOST'S ATTIRE**

_____

_____

**QUOTABLE MOMENTS**

_____

_____

_____

_____

_____

_____

**GIFTS FOR THE HOST**

| _From_ | _Gift_ | _Thank-You_ |
|--------|--------|-------------|
| _____ | _____ | [ ] |
| _____ | _____ | [ ] |
| _____ | _____ | [ ] |
| _____ | _____ | [ ] |
| _____ | _____ | [ ] |
| _____ | _____ | [ ] |
| _____ | _____ | [ ] |
| _____ | _____ | [ ] |
| _____ | _____ | [ ] |
| _____ | _____ | [ ] |
| _____ | _____ | [ ] |
| _____ | _____ | [ ] |
| _____ | _____ | [ ] |
| _____ | _____ | [ ] |
| _____ | _____ | [ ] |

# { MEMORIES }

**HIGHLIGHTS**

_____
_____
_____
_____
_____
_____
_____
_____
_____
_____
_____
_____

**ROOM FOR IMPROVEMENT**

_____
_____
_____
_____
_____
_____
_____
_____
_____
_____
_____
_____

IT IS A TRUE SAYING THAT A MAN
MUST EAT A PECK OF SALT WITH HIS
FRIEND BEFORE HE KNOWS HIM.
— MIGUEL DE CERVANTES

_____

OCCASION

_____   _____

DATE & TIME                    LOCATION

_____

_____

DESCRIPTION / THEME

## ❴ GUEST LIST ❵

*Name*                                                    *Attending*

_____   [ ]
_____   [ ]
_____   [ ]
_____   [ ]
_____   [ ]
_____   [ ]
_____   [ ]
_____   [ ]
_____   [ ]
_____   [ ]
_____   [ ]
_____   [ ]
_____   [ ]
_____   [ ]
_____   [ ]

[ ] *Children Included*

$\left\{\ \text{MENU}\ \right\}$

**HORS D'OEUVRES**

_____
_____
_____
_____
_____

**FIRST COURSE**

_____
_____
_____
_____
_____

**ENTRÉE**

_____
_____
_____
_____
_____
_____
_____
_____

**DESSERT**

_____
_____
_____
_____

**SERVING PIECE**

_____

_____

_____

_____

_____

_____

_____

_____

_____

_____

_____

_____

_____

_____

_____

**DRINK PAIRING**

_____

_____

_____

_____

_____

_____

_____

_____

_____

_____

_____

_____

_____

_____

_____

# { SEATING CHART }

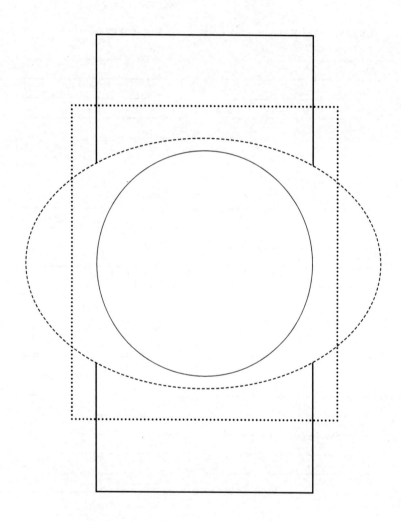

## NOTES ON ARRANGEMENT

# { SETTING THE STAGE }

CENTERPIECE(S)

_____

_____

_____

**LIGHTING**  *( e.g. candles, lamps, fireplace )*

_____

_____

_____

**FLOWERS**  *( e.g. types, quantities, placement )*

_____

_____

_____

**MUSIC**  *( e.g. playlist title, genre, album name )*

_____

_____

_____

**ADDITIONS**  *( e.g. party favors, games, decorations, entertainment )*

_____

_____

_____

_____

_____

_____

# { PLANNING TIMETABLE }

## 1 WEEK BEFORE

[ ] _____
[ ] _____
[ ] _____
[ ] _____
[ ] _____
[ ] _____
[ ] _____
[ ] _____

## 1 DAY BEFORE

[ ] _____
[ ] _____
[ ] _____
[ ] _____
[ ] _____
[ ] _____
[ ] _____
[ ] _____

## DAY OF EVENT                                    *Time*

[ ] _____  _____
[ ] _____  _____
[ ] _____  _____
[ ] _____  _____
[ ] _____  _____
[ ] _____  _____
[ ] _____  _____
[ ] _____  _____
[ ] _____  _____

## 1 HOUR BEFORE

*Time*

[ ] _____ _____

[ ] _____ _____

[ ] _____ _____

[ ] _____ _____

[ ] _____ _____

[ ] _____ _____

[ ] _____ _____

[ ] _____ _____


## LAST MINUTE

*Time*

[ ] _____ _____

[ ] _____ _____

[ ] _____ _____

[ ] _____ _____

[ ] _____ _____

[ ] _____ _____

[ ] _____ _____

[ ] _____ _____


## DURING PARTY

*Time*

[ ] _____ _____

[ ] _____ _____

[ ] _____ _____

[ ] _____ _____

[ ] _____ _____

[ ] _____ _____

[ ] _____ _____

[ ] _____ _____

[ ] _____ _____

# { SHOPPING LIST }

**SPECIALTY ITEMS**

[ ] _____

[ ] _____

[ ] _____

[ ] _____

[ ] _____

[ ] _____

[ ] _____

[ ] _____

[ ] _____

[ ] _____

[ ] _____

[ ] _____

[ ] _____

**RECIPE ESSENTIALS**

[ ] _____

[ ] _____

[ ] _____

[ ] _____

[ ] _____

[ ] _____

[ ] _____

[ ] _____

[ ] _____

[ ] _____

[ ] _____

[ ] _____

[ ] _____

# { LOOKING BACK }

**HOST'S ATTIRE**

_____

_____


**QUOTABLE MOMENTS**

_____

_____

_____

_____

_____

_____

_____


**GIFTS FOR THE HOST**

| _From_ | _Gift_ | _Thank-You_ |
|--------|--------|-------------|
| _____ | _____ | [ ] |
| _____ | _____ | [ ] |
| _____ | _____ | [ ] |
| _____ | _____ | [ ] |
| _____ | _____ | [ ] |
| _____ | _____ | [ ] |
| _____ | _____ | [ ] |
| _____ | _____ | [ ] |
| _____ | _____ | [ ] |
| _____ | _____ | [ ] |
| _____ | _____ | [ ] |
| _____ | _____ | [ ] |
| _____ | _____ | [ ] |
| _____ | _____ | [ ] |
| _____ | _____ | [ ] |

# { MEMORIES }

**HIGHLIGHTS**

_____

_____

_____

_____

_____

_____

_____

_____

_____

_____

_____

_____

_____

**ROOM FOR IMPROVEMENT**

_____

_____

_____

_____

_____

_____

_____

_____

_____

_____

_____

_____

_____

FOOD IS NOT ABOUT IMPRESSING
PEOPLE. IT'S ABOUT MAKING
THEM FEEL COMFORTABLE.
— INA GARTEN

**9**

_____
OCCASION

_____        _____
DATE & TIME                                           LOCATION

_____

_____
DESCRIPTION / THEME

$\Big\{$ **GUEST LIST** $\Big\}$

_Name_                                                                    _Attending_

_____  [ ]
_____  [ ]
_____  [ ]
_____  [ ]
_____  [ ]
_____  [ ]
_____  [ ]
_____  [ ]
_____  [ ]
_____  [ ]
_____  [ ]
_____  [ ]
_____  [ ]
_____  [ ]
_____  [ ]

[ ] _Children Included_

# { MENU }

**HORS D'OEUVRES**

_____

_____

_____

_____

_____

**FIRST COURSE**

_____

_____

_____

_____

_____

**ENTRÉE**

_____

_____

_____

_____

_____

_____

_____

_____

**DESSERT**

_____

_____

_____

_____

**SERVING PIECE**

_____
_____
_____
_____
_____

_____
_____
_____
_____
_____

_____
_____
_____
_____
_____
_____
_____
_____

_____
_____
_____
_____

**DRINK PAIRING**

_____
_____
_____
_____
_____

_____
_____
_____
_____
_____

_____
_____
_____
_____
_____
_____
_____

_____
_____
_____
_____

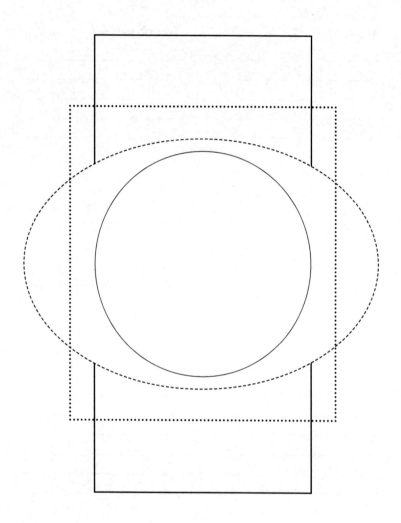

## NOTES ON ARRANGEMENT

# { SETTING THE STAGE }

**CENTERPIECE(S)**

_____
_____
_____

**LIGHTING**  *( e.g. candles, lamps, fireplace )*

_____
_____
_____

**FLOWERS**  *( e.g. types, quantities, placement )*

_____
_____
_____

**MUSIC**  *( e.g. playlist title, genre, album name )*

_____
_____
_____

**ADDITIONS**  *( e.g. party favors, games, decorations, entertainment )*

_____
_____
_____
_____
_____
_____

# { PLANNING TIMETABLE }

## 1 WEEK BEFORE

[ ]
[ ]
[ ]
[ ]
[ ]
[ ]
[ ]
[ ]

## 1 DAY BEFORE

[ ]
[ ]
[ ]
[ ]
[ ]
[ ]
[ ]
[ ]

## DAY OF EVENT                                                    *Time*

[ ]
[ ]
[ ]
[ ]
[ ]
[ ]
[ ]
[ ]
[ ]

## 1 HOUR BEFORE
*Time*

[ ] _____ ____

[ ] _____ ____

[ ] _____ ____

[ ] _____ ____

[ ] _____ ____

[ ] _____ ____

[ ] _____ ____

[ ] _____ ____


## LAST MINUTE
*Time*

[ ] _____ ____

[ ] _____ ____

[ ] _____ ____

[ ] _____ ____

[ ] _____ ____

[ ] _____ ____

[ ] _____ ____

[ ] _____ ____


## DURING PARTY
*Time*

[ ] _____ ____

[ ] _____ ____

[ ] _____ ____

[ ] _____ ____

[ ] _____ ____

[ ] _____ ____

[ ] _____ ____

[ ] _____ ____

[ ] _____ ____

# { SHOPPING LIST }

**SPECIALTY ITEMS**

[ ]
_____

[ ]
_____

[ ]
_____

[ ]
_____

[ ]
_____

[ ]
_____

[ ]
_____

[ ]
_____

[ ]
_____

[ ]
_____

[ ]
_____

[ ]
_____

[ ]
_____

[ ]
_____

**RECIPE ESSENTIALS**

[ ]
_____

[ ]
_____

[ ]
_____

[ ]
_____

[ ]
_____

[ ]
_____

[ ]
_____

[ ]
_____

[ ]
_____

[ ]
_____

[ ]
_____

[ ]
_____

[ ]
_____

[ ]
_____

# { LOOKING BACK }

**HOST'S ATTIRE**

_____

_____

**QUOTABLE MOMENTS**

_____

_____

_____

_____

_____

_____

**GIFTS FOR THE HOST**

| _From_ | _Gift_ | _Thank-You_ |
| --- | --- | --- |
| _____ | _____ | [ ] |
| _____ | _____ | [ ] |
| _____ | _____ | [ ] |
| _____ | _____ | [ ] |
| _____ | _____ | [ ] |
| _____ | _____ | [ ] |
| _____ | _____ | [ ] |
| _____ | _____ | [ ] |
| _____ | _____ | [ ] |
| _____ | _____ | [ ] |
| _____ | _____ | [ ] |
| _____ | _____ | [ ] |
| _____ | _____ | [ ] |
| _____ | _____ | [ ] |
| _____ | _____ | [ ] |

# { MEMORIES }

## HIGHLIGHTS

_____

_____

_____

_____

_____

_____

_____

_____

_____

_____

_____

_____

_____

## ROOM FOR IMPROVEMENT

_____

_____

_____

_____

_____

_____

_____

_____

_____

_____

_____

_____

_____

A HOST IS LIKE A GENERAL:
CALAMITIES OFTEN REVEAL HIS GENIUS.

— HORACE

**10**

_____

OCCASION

_____

DATE & TIME                    LOCATION

_____

_____

DESCRIPTION / THEME

$\Big\{$ **GUEST LIST** $\Big\}$

_Name_                                    _Attending_

_____ [ ]

_____ [ ]

_____ [ ]

_____ [ ]

_____ [ ]

_____ [ ]

_____ [ ]

_____ [ ]

_____ [ ]

_____ [ ]

_____ [ ]

_____ [ ]

_____ [ ]

_____ [ ]

_____ [ ]

[ ] _Children Included_

## { MENU }

**HORS D'OEUVRES**

_____

_____

_____

_____

_____

**FIRST COURSE**

_____

_____

_____

_____

_____

**ENTRÉE**

_____

_____

_____

_____

_____

_____

_____

_____

**DESSERT**

_____

_____

_____

_____

## SERVING PIECE

_____
_____
_____
_____
_____

_____
_____
_____
_____
_____

_____
_____
_____
_____
_____
_____
_____

_____
_____
_____
_____

## DRINK PAIRING

_____
_____
_____
_____
_____

_____
_____
_____
_____
_____

_____
_____
_____
_____
_____
_____
_____

_____
_____
_____
_____

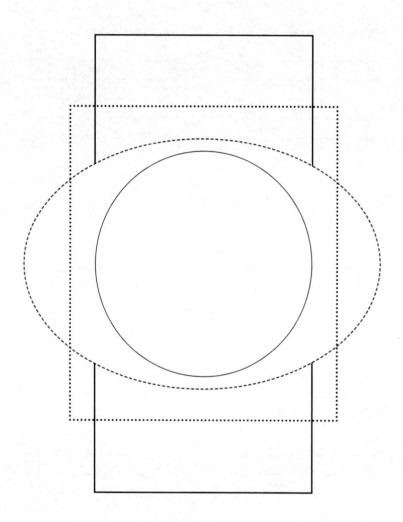

NOTES ON ARRANGEMENT

_____

_____

_____

_____

# { SETTING THE STAGE }

**CENTERPIECE(S)**

_____

_____

_____

**LIGHTING**  _( e.g. candles, lamps, fireplace )_

_____

_____

_____

**FLOWERS**  _( e.g. types, quantities, placement )_

_____

_____

_____

**MUSIC**  _( e.g. playlist title, genre, album name )_

_____

_____

_____

**ADDITIONS**  _( e.g. party favors, games, decorations, entertainment )_

_____

_____

_____

_____

_____

_____

# { PLANNING TIMETABLE }

## 1 WEEK BEFORE

[ ]
_____
[ ]
_____
[ ]
_____
[ ]
_____
[ ]
_____
[ ]
_____
[ ]
_____
[ ]
_____

## 1 DAY BEFORE

[ ]
_____
[ ]
_____
[ ]
_____
[ ]
_____
[ ]
_____
[ ]
_____
[ ]
_____
[ ]
_____

## DAY OF EVENT                                    *Time*

[ ]
[ ]
[ ]
[ ]
[ ]
[ ]
[ ]
[ ]
[ ]

## 1 HOUR BEFORE

*Time*

[ ] _____ _____

[ ] _____ _____

[ ] _____ _____

[ ] _____ _____

[ ] _____ _____

[ ] _____ _____

[ ] _____ _____

[ ] _____ _____


## LAST MINUTE

*Time*

[ ] _____ _____

[ ] _____ _____

[ ] _____ _____

[ ] _____ _____

[ ] _____ _____

[ ] _____ _____

[ ] _____ _____

[ ] _____ _____


## DURING PARTY

*Time*

[ ] _____ _____

[ ] _____ _____

[ ] _____ _____

[ ] _____ _____

[ ] _____ _____

[ ] _____ _____

[ ] _____ _____

[ ] _____ _____

[ ] _____ _____

# { SHOPPING LIST }

## SPECIALTY ITEMS

[ ] _____
[ ] _____
[ ] _____
[ ] _____
[ ] _____
[ ] _____
[ ] _____
[ ] _____
[ ] _____
[ ] _____
[ ] _____
[ ] _____
[ ] _____

## RECIPE ESSENTIALS

[ ] _____
[ ] _____
[ ] _____
[ ] _____
[ ] _____
[ ] _____
[ ] _____
[ ] _____
[ ] _____
[ ] _____
[ ] _____
[ ] _____
[ ] _____
[ ] _____

# { LOOKING BACK }

## HOST'S ATTIRE

_____

_____


## QUOTABLE MOMENTS

_____

_____

_____

_____

_____

_____


## GIFTS FOR THE HOST

| From | Gift | Thank-You |
|------|------|-----------|
| _____ | _____ | [ ] |
| _____ | _____ | [ ] |
| _____ | _____ | [ ] |
| _____ | _____ | [ ] |
| _____ | _____ | [ ] |
| _____ | _____ | [ ] |
| _____ | _____ | [ ] |
| _____ | _____ | [ ] |
| _____ | _____ | [ ] |
| _____ | _____ | [ ] |
| _____ | _____ | [ ] |
| _____ | _____ | [ ] |
| _____ | _____ | [ ] |
| _____ | _____ | [ ] |
| _____ | _____ | [ ] |

# { MEMORIES }

## HIGHLIGHTS

_____
_____
_____
_____
_____
_____
_____
_____
_____
_____
_____
_____

## ROOM FOR IMPROVEMENT

_____
_____
_____
_____
_____
_____
_____
_____
_____
_____
_____
_____
_____

THE ART OF DINING WELL IS NO SLIGHT ART,
THE PLEASURE NOT A SLIGHT PLEASURE.

— MICHEL DE MONTAIGNE

# { GUEST NOTES }

*Use this space to record guests' allergies, aversions and adorations.*
*Also note relevant information about their lives (birthdays, anniversaries,*
*children's names, careers, etc.) for easy conversation starters.*

**A**
_____
_____
_____
_____
_____
_____
_____

**B**
_____
_____
_____
_____
_____
_____

**C**
_____
_____
_____
_____
_____
_____
_____

**D**

**E**

**F**

**G**

**H**

**I**

**J**

**K**

**L**

M

N

O

**P**

**Q**

**R**

**S**

**T**

**U**

**V**

**W**

**X, Y, Z**

# { RECIPES }

*Use this space to list your favorite "go-to" recipes and those that you'd like to try out in the future. Remember to record the exact location and source (cookbook and page number, web site address, recipe folder, desk drawer, etc.) for easy locating in preparation for your next event.*

**RECIPE NAME** _____
*Source* _____

**RECIPE NAME** _____
*Source* _____

**RECIPE NAME** _____
*Source* _____

**RECIPE NAME** _____
*Source* _____

**RECIPE NAME** _____
*Source* _____

**RECIPE NAME** _____
*Source* _____

**RECIPE NAME** _____
*Source* _____

**RECIPE NAME** _____
*Source* _____

**RECIPE NAME** _____
*Source* _____

**RECIPE NAME** _____

*Source* _____

**RECIPE NAME** _____

*Source* _____

**RECIPE NAME** _____

*Source* _____

**RECIPE NAME** _____

*Source* _____

**RECIPE NAME** _____

*Source* _____

**RECIPE NAME** _____

*Source* _____

**RECIPE NAME** _____

*Source* _____

**RECIPE NAME** _____

*Source* _____

**RECIPE NAME** _____

*Source* _____

**RECIPE NAME** _____

*Source* _____

**RECIPE NAME** _____

*Source* _____

**RECIPE NAME** _____

*Source* _____

**RECIPE NAME** _____
_Source_ _____

**RECIPE NAME** _____
_Source_ _____

**RECIPE NAME** _____
_Source_ _____

**RECIPE NAME** _____
_Source_ _____

**RECIPE NAME** _____
_Source_ _____

**RECIPE NAME** _____
_Source_ _____

**RECIPE NAME** _____
_Source_ _____

**RECIPE NAME** _____
_Source_ _____

**RECIPE NAME** _____
_Source_ _____

**RECIPE NAME** _____
_Source_ _____

**RECIPE NAME** _____
_Source_ _____

**RECIPE NAME** _____
_Source_ _____

# { VENDOR CONTACTS }

*Use this space to record the contact information for suppliers and services that you frequently use, or those that come highly recommended. Remember to include a description of the products and services provided, so that you can easily reorder them for your next event. And don't forget to indicate the name of the person who referred you – a little extra hospitality always goes a long way.*

**COMPANY NAME** _____

*Products & Services* _____

*Contact* _____  *Phone* _____

*Email* _____

*Address* _____

**COMPANY NAME** _____

*Products & Services* _____

*Contact* _____  *Phone* _____

*Email* _____

*Address* _____

**COMPANY NAME** _____

*Products & Services* _____

*Contact* _____  *Phone* _____

*Email* _____

*Address* _____

**COMPANY NAME** _____

*Products & Services* _____

*Contact* _____  *Phone* _____

*Email* _____

*Address* _____

**COMPANY NAME** _____

*Products & Services* _____

*Contact* _____ *Phone* _____

*Email* _____

*Address* _____


**COMPANY NAME** _____

*Products & Services* _____

*Contact* _____ *Phone* _____

*Email* _____

*Address* _____


**COMPANY NAME** _____

*Products & Services* _____

*Contact* _____ *Phone* _____

*Email* _____

*Address* _____


**COMPANY NAME** _____

*Products & Services* _____

*Contact* _____ *Phone* _____

*Email* _____

*Address* _____


**COMPANY NAME** _____

*Products & Services* _____

*Contact* _____ *Phone* _____

*Email* _____

*Address* _____


**COMPANY NAME** _____

*Products & Services* _____

*Contact* _____ *Phone* _____

*Email* _____

*Address* _____

**COMPANY NAME** _____

*Products & Services* _____

*Contact* _____  *Phone* _____

*Email* _____

*Address* _____


**COMPANY NAME** _____

*Products & Services* _____

*Contact* _____  *Phone* _____

*Email* _____

*Address* _____


**COMPANY NAME** _____

*Products & Services* _____

*Contact* _____  *Phone* _____

*Email* _____

*Address* _____


**COMPANY NAME** _____

*Products & Services* _____

*Contact* _____  *Phone* _____

*Email* _____

*Address* _____


**COMPANY NAME** _____

*Products & Services* _____

*Contact* _____  *Phone* _____

*Email* _____

*Address* _____


**COMPANY NAME** _____

*Products & Services* _____

*Contact* _____  *Phone* _____

*Email* _____

*Address* _____

# { NOTES & INSPIRATION }

*Use this space to record any interesting ideas for future parties. If you happen across a photo of a great centerpiece, for example, a creative party theme, or a new cocktail recipe, jot it down for your next soirée. You can also note any newly discovered "must-haves" — such as a fabulous bottle of wine or a hard-to-find brand of marinara sauce — so they can easily be recalled when planning your next event.*

_____

_____

_____

_____

_____

_____

_____

_____

_____

_____

_____

_____

_____

_____

_____

_____

_____

_____

_____

_____

_____

_____

# { SERVING PORTIONS }

*How much food should you make? How many drinks to serve? While there are many factors to consider — such as the number of dishes you are preparing, the strength of your guests' appetites, and the time of the party — here are a few general guidelines. (Note: all quantities are per person.)*

## HORS D'OEUVRES

| | |
|---|---|
| Cheese Plate | 3 oz. (~1/5 lb.) |
| Vegetable Crudités | 6-8 pieces |
| Dips | 1/4 cup |
| Cocktail Shrimp | 3 jumbo shrimp or 4 large shrimp |
| Canapés | 3 pieces |
| Meatballs | 3 (1.5 in. diameter) or 4 (1 in. diameter) |
| Sushi | 3-4 pieces |

*(Note: Estimates assume there are multiple hors d'oeuvres being served. In general, estimate 4-6 total pieces per person per hour for a cocktail party, and 6-8 total pieces per person when preceding a meal.)*

## FIRST COURSE, ENTRÉES & SIDES

| | |
|---|---|
| Poultry, Meat & Fish | 6-8 oz. (~1/3-1/2 lb.) |
| Rice & Grains | 1/2 cup uncooked as main; 1/3 cup uncooked as side |
| Potatoes | 5-6 oz. (~1/3 lb.) |
| Vegetables | 4-5 oz. (~1/4 lb.) |
| Salad | 1 oz. (1 handful) undressed |
| Pasta | 4 oz. (1/4 lb.) uncooked as main; 2 oz. (1/8 lb.) uncooked as side |

## BEVERAGES

| | |
|---|---|
| Liquor & Mixed Drinks | 1-2 drinks per hour (~4 total drinks) |
| Wine | 1 bottle for every 2 people, every 2 hours |
| Beer | 1-2 bottles per hour (~4 total bottles) |
| Coffee | 1.5 cups (12 oz.) |

*(Note: It is immensely helpful to "know your guests" when estimating beverage amounts. If someone only drinks beer, for example, don't figure them in your wine estimate. If you don't know what someone drinks, include them in the estimate of all the beverages being served. Alcohol generally doesn't go bad, so err on the side of having too much.)*

# { MEASUREMENT CONVERSIONS }

*Use the basic conversion charts below to simplify your recipes, calculate quantities, reduce preparation time, and substitute ingredients in a pinch.*

## LIQUID MEASURES

| | | | | | |
|---|---|---|---|---|---|
| 1 cup (1/2 pint) | = | 8 fl. oz. | = | 237 ml (~1/4 litre) |
| 2 cups (1 pint) | = | 16 fl. oz. | = | 473 ml (~1/2 litre) |
| 4 cups (1 quart) | = | 32 fl. oz. | = | 946 ml (~litre) |
| 4 quarts (1 gallon) | = | 128 fl. oz. | = | 3.785 litres |

## DRY MEASURES (VOLUME)

| | | |
|---|---|---|
| 1/16 teaspoon | = | a dash |
| 1/8 teaspoon | = | a pinch |
| 1 tablespoon | = | 3 teaspoons |
| 1/8 cup | = | 2 tablespoons |
| 1/3 cup | = | 5 tablespoons + 1 teaspoon |
| 1 cup | = | 16 tablespoons |

## DRY MEASURES (WEIGHT)

| | | | | |
|---|---|---|---|---|
| 1/2 oz. | = | .03 lb. | = | 14 grams |
| 1 oz. | = | .06 lb. | = | 28 grams |
| 4 oz. | = | 1/4 lb. | = | 113 grams |
| 8 oz. | = | 1/2 lb. | = | 227 grams |
| 16 oz. | = | 1 lb. | = | 454 grams |

## USEFUL SUBSTITUTIONS

| | | |
|---|---|---|
| 1 cup cake flour | = | 7/8 cups all purpose flour + 1/8 cup cornstarch |
| 1 tablespoon baking powder | = | 2 teaspoons baking soda + 1 teaspoon cream of tartar |
| 1 cup brown sugar | = | 1 cup white sugar + 2 tablespoons molasses |
| 1 oz. chocolate (unsweetened) | = | 3 tablespoons cocoa + 1 tablespoon butter or oil |
| 1 large egg (for baking) | = | 2 large egg yolks + 1 tablespoon water |
| 1 cup sour cream | = | 1 cup yogurt (full-fat works best) |
| 1 cup half and half | = | 1/2 cup light cream + 1/2 cup whole milk |
| 1 lemon (squeezed) | = | 3 tablespoons lemon juice |

# { PLANNING TIMELINE }

*Use the timeline below as a suggested preparation guide. Depending on the style of the party and the complexity of the menu, some of these steps may be condensed or completed closer to the event date. But no matter what your plan, you can be sure that the more you do ahead of time, the less you'll need to worry about on the day of the party.*

## AT LEAST 3 WEEKS BEFORE PARTY

Choose a date and location
Decide on the style or theme (cocktail party, sit-down dinner, potluck, etc.)
Finalize guest list and send out invites (via email, mail, or phone)
Reserve any large rental items (e.g. tent, tables, chairs)
Hire any help you may need

## 2-3 WEEKS BEFORE

Plan your menu
  • *List ingredients for each recipe*
  • *Combine ingredient quantities across recipes*
  • *Check pantry to see which ingredients you already have*
  • *Make a shopping list of ingredients (and quantity) still needed*
Decide on table settings and centerpiece
  • *Determine which items you need to purchase, borrow or rent (e.g. plates, serving pieces)*
Shop for all non-perishable menu items and any non-food items (e.g. napkins, candles)
Purchase alcoholic and non-alcoholic drinks that do not need to be refrigerated

## 1 WEEK BEFORE

Practice setting the table to ensure that you have everything you need
Prepare any menu items that can sit for 1 week
Choose your outfit and send it to the cleaners if necessary
Select the dinner music and compile your playlists (e.g. pre-dinner, dinner, post-dinner)
Lay out serving dishes and utensils for each dish and label accordingly

## 2-3 DAYS BEFORE

Purchase any items that can sit well for 2-3 days (e.g. milk, cheese, eggs)
Make any of the dishes (or parts of dishes) that can sit for a few days
Wash serving pieces, china, utensils, glassware and flatware (polish silver, if necessary)
Do a thorough house cleaning, so that only touch-ups are needed the day of the party
Wash and iron napkins and tablecloths


## 1 DAY BEFORE

Buy and arrange fresh flowers
Purchase menu items that lose freshness quickly (e.g. seafood, bread)
Arrange your table centerpiece
Set the table
Make any food items that can be prepared 24 hours in advance
Prep as much food as possible (e.g. wash and chop vegetables)
Purchase bags of ice or set icemaker overnight


## DAY OF PARTY

Prepare any food in the morning that can sit for several hours
Do a final walk-through of the house
Chill wine and other beverages
Plate appetizers and set out pre-dinner drink accompaniments (e.g. lemons, olives)
Do any last-minute cooking
Measure out coffee, so you only need to turn on coffeemaker when ready to brew
Adjust lighting as needed (e.g. fireplace, candles, dimmers, etc.)
Set up audio equipment and get playlist ready
Relax and enjoy!

# { PLACE SETTING }

*Regardless of the formality of your party, a general rule-of-thumb applies: start outside and work inward. If salad and soup are being served first, for example, the salad fork would be placed to the extreme left, and the soup spoon to the extreme right. Similarly, the dessert fork would be placed closest to the plate because it is used for the final course. If you are going less formal and not serving a particular course, simply eliminate the corresponding utensil.*

*Glasses are usually placed above the knives. The water glass is set at the far left and subsequent glasses are placed in the order they will be used. Napkins can be placed on or to the left of the plate.*

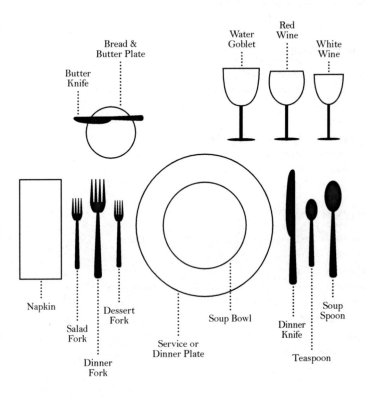